착한 설탕 사오너라

공부하고 놀자

착한 설탕 사 오너라 – 공정무역 세계사 여행

ⓒ한미경·이지영, 2012

2012년 5월 15일 초판 1쇄 발행
2021년 11월 15일 초판 8쇄 발행

글쓴이 한미경
그린이 이지영
펴낸이 박해진
펴낸곳 도서출판 학고재
등록 2013년 6월 18일 제2013-000186호
주소 서울시 마포구 새창로 7(도화동) SNU장학빌딩 17층
전화 02-745-1722(편집) 070-7404-2810(마케팅)
팩스 02-3210-2775
페이스북 www.facebook.com/hakgojae

ISBN 978-89-5625-347-3 77080
      978-89-5625-145-5 77080(세트)

- 이 책은 저작권법에 의해 보호받는 저작물입니다. 이 책에 수록된 글과 이미지를 사용하고자 할 때에는 반드시 저작권자와 도서출판 학고재의 서면 허락을 받아야 합니다.
- 잘못된 책은 구입한 곳에서 바꿔드립니다.

어린이제품안전특별법에 의한 제품 표시	
제조사명 도서출판 학고재	전화번호 02-745-1722
제조국명 대한민국	주 소 서울시 마포구 새창로 7
사용연령 13세 이하 어린이 제품	SNU장학빌딩 17층

공부하고 놀자

공정무역 세계사 여행

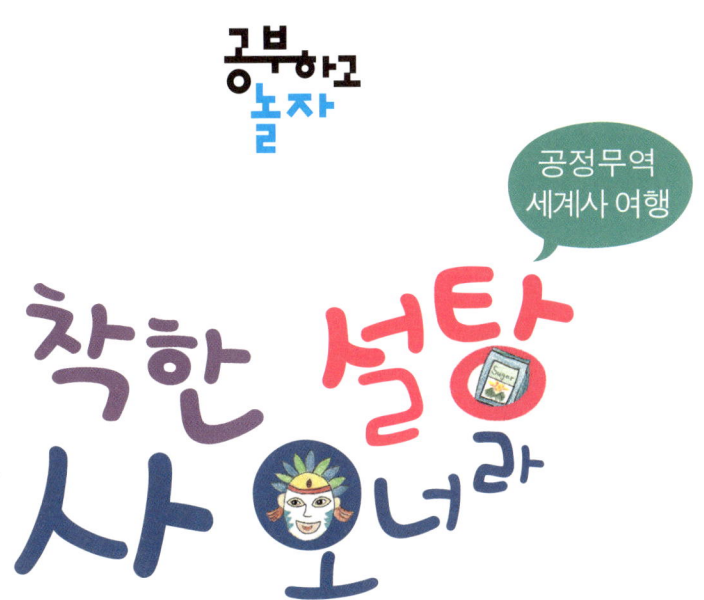
착한 설탕 사오너라

한미경 글 이지영 그림

학고재

착한 설탕이 뭐야?

차례

1. 착한 설탕 심부름   9

 2. 사탕수수밭에 떨어지다   22

3. 최초의 설탕 돌꿀   30

4. 설탕을 약으로 썼다고?   38

5. 눈물 젖은 노예 설탕   48

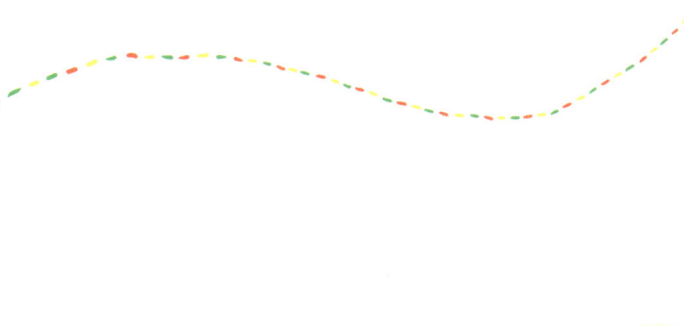

6. **설탕** 사지 **맙시다!**   62

7. 노예가 **따로 없어!**   73

8. 공정해서 행복한 **설탕 마을**   83

9. **공정무역 설탕** 주세요   96

1. 착한 설탕 심부름

아침부터 차웅이가 부엌을 들락날락해.
엄마가 도토리 푸딩을 만드는 날이거든.
차웅이는 달큰숲에 사는 반달곰이야. 곰이라서 꿀을
좋아해. 하지만 요즘 꿀 보기가 하늘의 별 따기야.
숲이 망가지기 시작하면서, 벌도 꿀도 다 사라지고 말았어.
차웅이 엄마는 하는 수 없이 꿀 대신 설탕을 쓰기 시작했어.
사실 설탕은 꿀보다 더 달아.

도토리에 설탕을 넣어 푸딩을 만들어 봐. 달곰쌉쌀한 게
얼마나 맛있는지 몰라. 생각만 해도 발바닥이 다 간지러운걸.
커다란 냄비에서 김이 펄펄 났어. 차웅이 입에 침이 가득 고였지.
그런데 엄마가 울상을 하시네.
"어머, 이를 어째? 설탕 떨어진 걸 깜빡했어. 차웅아,
엄마 심부름 좀 해 줄래?"
"심부름이라면 걱정 마세요. 바람처럼 쌩 다녀올게요."
차웅이는 아주 신이 났어.
"그럼 '착한 설탕' 한 봉지만 사 오너라."
"착한 설탕?"
차웅이가 멈칫했어.
"그래, 착한 설탕! 착한 설탕은 말이지……."
엄마가 막 설명을 하려는데 차웅이는 벌써 저만치 달려가.
"그냥 가면 찾기 어려울 텐데."
"걱정 마세요, 심부름대장, 부름이가 있잖아요!"
부름이는 속이 텅 빈 느티나무 그루터기 안에 사는 차웅이 친구야.
심부름이라면 어디든 달려가지.
차웅이가 털을 너울거리며 걷더니 부름이네 집 앞에 멈춰 섰어.
'똑똑' 그루터기를 두드리자 부름이가 쏘옥 올라왔어.

"차웅이구나?"

"응! 부름아, 좋은 소식 있는데."

차웅이가 살짝 으스대며 말했어.

"좋은 소식?"

부름이 눈이 반짝반짝 빛났어.

"부름, 부름, 심, 부, 름!"

"야호, 난 심부름이 정말 좋아."

"누가 심부름대장 아니랄까 봐."

차웅이도 덩달아 신이 났어.

"차웅아, 근데 무슨 심부름이야?"

"착한 설탕 심부름!"

"착한 설탕? 설탕이라면 어제 잔뜩 사 왔어. 달큰숲에 꿀도 없는데 설탕이라도 있어야 부름이 체면이 설 것 같아서."

부름이가 안으로 들어가더니 설탕 봉지를 주렁주렁 들고 나왔어.

"혹시 이 설탕이야?"

"음, 아닌데. 엄마가 쓰던 건 노란색이었는데, 이 설탕은 너무 하얀걸?"

"그럼 이건?"

부름이가 네모난 각설탕을 내밀었어.

차웅이는 이번에도 고개를 흔들었어.

부름이가 머리를 긁적였어.

"아무래도 팔랑이한테 가 봐야겠다."

"부채도사 팔랑이?"

"응, 팔랑이랑 같이 숨은숲 시장에 가야 할 거 같은데. 숨은숲 시장이라면 착한 설탕이 있을지도 몰라."

부름이는 신이 났는데 차웅이는 한숨을 폭 쉬었어.

"차웅아, 왜 그래? 숨은숲 시장 가기 싫어?"

"아니, 이번에도 점수 못 받으면 어떡해? 지난번에도 팔랑이랑 퀴즈여행 갔다가 고생만 했잖아. 숨은숲 시장엔 발도 못 들여놓고."

"아, 미안! 팔랑이를 '길게 한 번 짧게 한 번' 부쳤어야 했는데 내가 깜빡 잊어버려서 그런 거잖아. 이번에는 실수 안 할 테니, 한번 믿어 봐."

"음, 그럴까?"

차웅이는 부름이를 따라 달큰숲 도서관으로 갔어. 팔랑이는 달큰숲 도서관에 살거든.

"팔랑아, 팔랑아!"

팔랑이를 부르자 휘잉, 바람 소리가 나더니 부채가 펼쳐지며 팔랑이 얼굴이 나왔어.

"반갑다 얘들아! 오늘은 무슨 일?"

"반가워, 팔랑아! 오늘은 착한 설탕 심부름을 해야 돼."

"착한 설탕이라고?"

"응, 착한 설탕 어디서 팔아?"

"가만, 착한 설탕이라…….

아, 여기 숨은숲 시장에 있다!"

팔랑이가 몸을 접었다가 펼치니까 부채 화면에 알림글이 떴어.

부름이가 부채 화면을 보며 또박또박 읽었어.

"역시 숨은숲 시장에 있구나. 착한 설탕 가격은 300점이네."

차웅이 얼굴이 갑자기 환해졌어.

"이번에도 점수로 물건을 사는 거야? 돈을 내지 않고?"

"그래, 300점. 숨은숲 시장의 물건에는 가격표 대신 점수표가 달려 있어. 그 점수를 얻어야만 원하는 물건을 살 수 있거든.

점수를 따려면 '퀴즈여행'을 통과해야 한다는 건 알고 있겠지?" 팔랑이가 말했어.
"이번에는 꼭 성공할 테니 걱정 마. 가서 착한 설탕도 사고, 말하는 빗자루, 닦으면 웃음이 나는 손수건, 방귀 잡는 주머니, 다 사 오자."
부름이가 들떠서 말했어.

"이번 암호는 '빠르게 세 번'이야. '빠르게 세 번' 부치면 퀴즈여행 시작이야. 여섯 단계의 다른 시간, 다른 세상으로 갈 수 있어. 모든 단계마다 착한 설탕이 무엇인지 힌트가 나오고, 맞히면 점수를 받는 거야. 점수는 지난번과 같아. 첫 번째 단계에서 맞히면 10,000점이고 두 번째 단계에서는 5,000점. 단계가 늘어날 때

마다 점수는 반으로 줄어들어. 점수를 받으면
숨은숲 시장에 가서 착한 설탕을 살 수 있어."
팔랑이가 빙그레 웃으며 말했어.

"아, 10,000점 받으면 착한 설탕 엄청 많이 살 수 있겠다."

차웅이가 도토리 푸딩을 떠올리며 신이 나서 말했어.

"차웅아, 퀴즈가 그리 만만하지 않을걸."

부름이는 제법 심각했어.

"너무 걱정하지 마. 마지막 단계까지 포기하지 않는다면

답은 알게 될 거야."

팔랑이가 안심시켰어.

"알았어. 어서 출발해!"

차웅이와 부름이는 마음이 부풀었어.

팔랑이가 씩씩한 목소리로 여행 안내를 시작했어.

"설탕 퀴즈여행 첫 단계, 맨 처음 설탕을 찾아서!

기원전 320년 인도의 사탕수수밭으로 간다."

'사탕'이라는 말을 듣고 차웅이가 침을 꼴깍 삼켰어.

"그런데 왜 맨 처음 설탕을 찾아? 우리가 찾는 건 착한 설탕이잖아."

부름이가 묻자 차웅이가 팔랑이 대신 나섰어.

"지금은 아무 실마리도 없잖아. 뭐든지 처음부터 차근차근

시작하면 실수가 없을걸?"

"오, 차웅이가 다시 보이는데?"

팔랑이 말에 차웅이가 어깨를 으쓱거렸어.

"치, 빨리 가 보기나 하자고."

부름이는 팔랑이를 '빠르게 세 번' 부쳤어.

팔랑이는 휘잉, 바람 소리를 냈어. 바람 소리가 점점 커졌지.

휘오잉 휘오잉 슈욱 슉

차웅이와 부름이는 공중으로 부웅 날아올랐어.

2. 사탕수수밭에 떨어지다

 셋이 도착한 곳은 강가였어.

"여기는 히말라야 산 북쪽 인도야. 이 강은 인더스 강이지. 저기 강가에 사탕수수밭이 보이지?"

팔랑이가 몸을 한 번 접었다 펼치더니 말했어.

"우아, 저게 사탕수수밭이야?"

부름이가 소리쳤어.

"엄청 크다."

차웅이와 부름이는 누가 먼저라고 할 것도 없이 사탕수수밭으로 달려갔어.

사탕수수는 차웅이 키보다 몇 배는 더 컸어.

"쉿, 무슨 소리가 들려."

사탕수수 밭에 다다르자 차웅이가 부름이 입을 막았어.

멀지 않은 곳에 아이들이 몇 명 모여 있었어.

아이들은 기다란 수숫대 밑동을 자르고 겉껍질을 벗겨 냈지.

그러더니 속에 있는 줄기를 발로 분질러서 입에 넣고 잘근잘근 씹었어.

쪽쪽, 즙을 빨아 먹는 소리가 나는데 세상에서 가장 맛있는 소리 같았어.

아이들은 서두르는 눈치였어.

"어른들 오기 전에 빨리 먹고 가자."

"딱 한 마디만 더 먹자."

그때 '휙' 하는 소리가 들렸어.

차웅이가 부러뜨린 수숫대가 넘어진 거야.

즙을 먹던 아이들이 모두 이쪽을 봤어.

"뛰어!"

부름이가 소리치자 둘은 반대편으로 뛰었어.

아이들도 모두 달아났어. 부름이와 차웅이를 보고 놀란 모양이야.

"휴, 살았다."

부름이가 가슴을 쓸어내렸어.

"우리도 얼른 사탕수수 먹어 보자."

차웅이가 살짝 혀를 대 보았어.

"우아, 꿀맛이야! 정말 달아! 쩝쩝."

차웅이는 꿀단지를 통째로 얻은 것처럼 행복해 보였어.

"역시 차웅이구나.

사탕수숫대를 쥐고 오다니!"

차웅이는 겉껍질을 벗기고

속대를 분질러서 부름이에게 건넸어.

노르스름한 즙이 흘러나왔어.

부름이도 신이 나서 사탕수수 속대를 씹어 단물을 삼켰어.

둘은 코를 박고 정신없이 먹었지.

다 먹고 나니 날이 정말 더웠어. 손도 끈적거렸어.

차웅이가 부름이에게 눈짓을 하자 둘은 갑자기 인더스 강물에 뛰어들었어.

더울 때는 역시 물장난이 최고야.

물에서 나와 풀밭에 누우니 기분이 좋았어.

"다다다……."

귀 밝은 차웅이가 이상한 소리를 들었어.

"아, 이리로 달려오고 있다."

"뭐가?"

"사람들!"

차웅이가 말을 마치기도 전에 수많은 사람들이 먼지를 일으키며 달려왔어.

사탕수수밭에서 본 아이들이 어른들을 불러 온 거야.

"쟤네가 우리 사탕수수를 훔쳐 갔어요!"
아이들이 크게 소리쳤어.
"도둑 잡아라!"
어른들이 가까이 오자 놀라서 몸이 굳어 버릴 것 같았어.
몽둥이가 코앞에서 어른거렸어.
부름이와 차웅이는 힘껏 달려 사탕수수밭으로 들어갔어.
사탕수수는 키가 커서 숨기에 딱 좋았거든.
겨우 몸을 숨기자 부름이가 낮은 목소리로 속삭였어.
"여기에는 착한 설탕이 없나 본데?"
"맛은 분명 설탕이랑 비슷했는데……."
차웅이가 고개를 갸우뚱했어.
"근데 우리 여기까지 왜 온 거지?
사탕수수가 설탕과 무슨 상관이람?"
부름이가 툴툴거렸어.
그때 수숫대를 이리저리 살피던
차웅이가 놀라며 말했어.
"부름아! 여기 좀 봐."
"어디?"
"여기, 딱딱한 게 들러붙어 있어.

엄마가 쓰던 설탕이랑 색깔이 똑같아."
"진짜야?"
"응, 확실해!"
차웅이가 고개를 끄덕이자 팔랑이가 거들었어.
"설탕은 바로 사탕수수 즙으로 만드는 거야. 차웅이가 오늘 예리한걸? 이 달콤한 즙이 설탕이 되는 거야."
"그래?"
차웅이는 신기한 듯 속대를 이리저리 돌려 봤어.
"그런데 착한 설탕은 아니잖아. 왜 우리를 이리로 데리고 온 거야?"

부름이가 묻자 차웅이가 끼어들었어.

"우리한테 사탕수수 맛 보라고 데려온 거겠지."

그때 갑자기 차웅이 귀가 쫑긋했어.

또 무슨 소리가 들린 거야.

"또 온다!"

차웅이는 부름이를 번쩍 들어 목에 태웠어.

그리고 쏜살같이 달렸지.

설탕은 어디서 나올까?

설탕은 사탕수수에서 나와. 사탕수수는 옥수수처럼 생겼지만 옥수수보다 굵고 키도 두어 배 정도 커. 보통 3m에서 5m까지 자라는 식물이지. 사탕수수 줄기에서는 달콤한 즙이 나오는데 바로 그 즙이 설탕을 만드는 원재료야. 인도에는 기원전 6000년부터 사탕수수가 있었대. 남태평양에 있는 뉴기니 섬에서 인도로 전해졌다고 알려져 있어.

기원전 372년, 알렉산더 대왕 때 사탕수수를 발견했다는 기록도 있어. "꿀벌 없이 꿀을 만드는 갈대가 있다." 알렉산더 대왕의 부하인 네아르쿠스 장군이 군사를 이끌고 인도에 쳐들어갔을 때 사탕수수를 처음으로 보고 이렇게 적었대. 설탕이 사탕수수에서만 나오는 건 아니야. 단풍나무나 대나무 즙으로 설탕을 만들기도 해.

3. 최초의 설탕 돌꿀

차웅이는 달리기 선수야.

맘먹고 달리면 아무도 못 쫓아와.

둘이 멈춘 곳은 어느 헛간 뒷문이었어.

숨을 고르고 문틈을 살폈어.

"들어가 보자."

정신을 차린 부름이가 말했어.

헛간에는 맷돌들이 가득했어.

그런데 어디선가 '윙윙' 소리가 들리는 거야.
"근처에 벌집이 있나?"
차웅이 머릿속에는 꿀만 가득한가 봐.
"그게 아니라 무언가 돌아가는 소리 같은데."
헛간을 둘러보니 반대쪽에도 문이 있었어.
눈 밝은 부름이가 문틈으로 내다보더니
'흡', 하고 숨을 멈췄어.
수십 명은 돼 보이는 사람들이 일을 하고 있었지.
헛간 문 바로 앞에까지 자리를 잡고서 말이야.
둘씩 짝을 지어 한 사람은 맷돌을 돌리고
한 사람은 껍질 벗긴 사탕수수 속대를 맷돌
구멍에 넣었어.
돌아가는 맷돌 아래로 노르스름한 즙이
흘러내렸지.

즙이 모이자 사람들은 커다란 솥으로 가져가 부었어.

솥은 여러 개가 있었는데 김이 나는 솥도 있었지.

부름이 입에 침이 고였어.

"사탕수수 즙을 솥에 넣고 졸이나 봐."

부름이가 차웅이에게 속삭였어.

한쪽에선 일꾼 몇 명이 김이 나는 솥을 넓은 바닥에 엎었어.

그러더니 즙이 식기를 기다렸다가 작은 통에 나누어 담았어.

또 한쪽에선 작은 통에서 돌덩이같이 생긴 것을 꺼내

차곡차곡 쌓느라 분주했어.

"오, 사탕수수 즙을 식히니 돌처럼 되네."

부름이는 신기한가 봐.

"사탕수수를 모르던 옛 서양 사람들은 저걸 '돌꿀'이라고 했어. 돌처럼 딱딱한데 달콤한 꿀맛이 나니까. 그리스의 외교관이던 메가스테네스는 인도에 살면서 보고 들은 것을 『인도지』라는 책으로 썼는데 그 책에서 처음으로 설탕을 소개했어. 바로 인류 최초의 설탕에 대한 기록이지."

팔랑이 말에 차웅이가 침을 흘렸어.

밖에서는 감독관이 일꾼들을 살피며 재촉했어.

"자, 어서어서 하자고. 사르카라*가 많이 필요하다고.

*사르카라(Sarkara) : 사탕수수로 만든 딱딱한 설탕을 일컫는 인도 말.

곧 주인님 생일이니 우유와 섞어서 쌀 푸딩도 잔뜩 만들어야 하고, 설탕에 절인 생강이 발효되면 음료수도 많이 만들어야 한단 말이지."

감독관이 일꾼들을 살피며 말했어.

그때 헛간으로 일꾼 한 명이 다가왔어.

마치 헛간에 누군가 있는 걸 알고 오는 것 같았어.

또다시 도둑으로 몰릴 판이었지.

둘은 조심조심 문밖으로 빠져나가 벽에 바짝 붙어 섰어.

문 닫히는 소리가 '쾅' 들렸어.

"후유……."

차웅이와 부름이는 그제야 참았던 숨을 내쉬었어.

차웅이는 다시 꿀 생각이 났어.

"밤까지 기다려서 몰래 돌꿀 맛 좀 볼까?"

그러자 부름이가 가자미 눈을 뜨며 말했어.

"아까 먹었잖아. 으, 난 싫어."

"그건 사탕수수 즙이지, 돌꿀이 아닌데……."

차웅이가 쩝쩝 입맛을 다셨어.

무조건 안 된다고 하면 차웅이가 울어 버릴지도 몰라.

덩치만 컸지 차웅이는 아기 같아.

부름이는 차웅이와 함께 담벼락에 쪼그리고 앉았어.

해가 지기를 기다렸지. 곧 사방이 어두워졌어.

팔랑이가 열어 주는 세상에서는 시간이 금세 가거든.

차웅이는 그새 잠이 들었나 봐. 코까지 드르렁거리고 있어. 갑자기 윙윙거리던 소리가 멈췄어.

밤이 깊어 사람들이 맷돌질을 멈춘 거야.

잠시 후 헛간 문이 '삐거덕'

하고 열렸어.

'이쪽으로 나오면 어쩌지?'

부름이는 서둘러 차웅이를 깨웠어.

걱정한 대로 이쪽 문도 '삐거덕' 열렸어.

"차웅아, 어서 일어나. 팔랑아, 이제 그만 돌아가자."

부름이가 팔랑이를 '빠르게 세 번' 부쳤어. 바람이 몰아쳤어.

휘오잉 휘오잉 슈욱 슉

차웅이와 부름이는 또다시 공중으로 부웅 날아올랐지.

순식간에 맷돌도 헛간도 사라졌어.

인더스 강가도 히말라야 산자락도 사라졌어.

기원전 인도에서 돌아온 거야.

잠에서 깬 차웅이가 입맛을 쩝 다셨어.

"돌아오기 전에 돌꿀을 들고 뛰었어야 했는데."

"돌꿀 맛을 못 봐서 서운한가 보구나. 그럼 다시 돌아갈까?"

부름이가 마음에도 없는 말을 했어.

"아, 아니야. 아무리 달콤한 게 좋아도 쫓기는 건 정말 싫어."

차웅이가 몸을 부르르 떨었어.

"자, 이제 사탕수수와 설탕의 관계를 알겠지?"

팔랑이가 물었어.

"응, 그러니까 사탕수수에서 설탕이 시작된 거구나.
돌꿀은 맨 처음 설탕인 거고."

부름이가 고개를 주억거렸어.

"그럼 돌꿀이 착한 설탕이야?"

차웅이가 물었어.

"땡! 아닙니다."

팔랑이가 몸을 흔들었어.

"너 아직 잠이 덜 깼구나? 설마 기원전 인도에서 엄마가 설탕을
사 오라고 하셨을 리 없잖아."

부름이가 혀를 내둘렀어.

"에이! 10,000점은 날아간 거네. 그럼 돌꿀은 꿈에서나 맛봐야겠다."

차웅이가 졸린 눈을 비비며 말했어.

돌꿀은 이렇게 만들었대

기원전 2세기 인도의 학자 파탄잘리의 책 『마하바샤』에는 설탕을 넣어 만든 음식들이 나와. 우유와 설탕을 섞어서 만든 쌀 푸딩, 보릿가루와 설탕 또는 생강과 설탕으로 맛을 낸 발효 음료수 같은 것들 말이야. 그러니까 설탕으로 달콤하고 맛있는 음식을 만들어 먹은 건 아주 오래된 이야기지.

설탕을 만드는 방법은 그로부터 수백 년 후에 쓰인 인도 힌두교 문서인 『붓다고사』에서 미루어 짐작해 볼 수 있어. 사탕수수에서 즙을 내어 졸여서 시럽을 만들고, 그 시럽을 식히면 돌꿀이 되는 거야.

사탕수수를 수확한다

맷돌에 갈아 즙을 낸다

시럽을 식혀서 덩어리를 만든다

즙을 졸여 시럽을 만든다

4. 설탕을 약으로 썼다고?

갑자기 차웅이가 얼굴을 찡그리며 배를 움켜쥐었어.
"차웅아, 왜 그래? 돌꿀 못 먹어서 배 아파?"
부름이가 걱정스런 눈으로 차웅이를 바라보았어.
"어떻게 알았어?"
"너는 먹고 싶은 거 못 먹으면 배가 아프잖아."
부름이가 혀를 내밀며 낄낄거렸어.
"하하, 꿀이 약인 셈이네. 실제로 설탕이 약이었던 때가 있어."

팔랑이가 말했어.

"가만, 약이 되는 설탕이라니……. 어쩌면 그곳에서 착한 설탕을 찾을 수 있을 것 같은데?"

차웅이가 눈을 반짝였어.

"차웅이 말이 맞아?"

부름이도 차웅이 말이 그럴 듯하게 들렸어.

"나는 말 못 해."

팔랑이는 냉정하게 고개를 저었어.

"쳇, 그럼 어서 다음 단계로 데려다 줘."

부름이가 툴툴거렸어.

"좋아. 두 번째 단계는 10세기 이슬람 도시, 바그다드야. 이번 단계에서 착한 설탕을 알아내면 5,000점을 받을 수 있어."

팔랑이가 말했어.

"약 설탕을 찾게 될지, 착한 설탕을 찾게 될지 어서 가자."

부름이가 눈을 찡긋하고 팔랑이를 '빠르게 세 번' 부쳤어.

또 바람이 몰아쳤어.

휘오잉 휘오잉 슈욱 슉

차웅이와 부름이는 공중으로 부웅 날아올랐어.

이번에 떨어진 곳은 아름다운 정원이었어.

"여기는 티그리스 강가, 이슬람 궁전이야.
아바스* 왕조가 다스리던 때지."
"와, 으리으리하다."
차웅이는 입을 헤벌쭉 벌리고
궁전을 둘러보았어.
그러다 눈썹이 짙은 병사와
눈이 딱 마주쳤지.
"웬 놈이냐?"
병사들이 긴 창을 들고
우르르 몰려왔어.
차웅이와 부름이는 순식간에
밧줄에 묶이는 신세가 되고 말았지.
"안 그래도 공주님이 편찮으셔서
걱정인데 웬 골칫거리람?"
"그러게 말이야. 오늘은 공주님
열이 내려야 할 텐데."
이 나라 공주님이 열이 나는 모양이야.

*아바스(Abbasids) 왕조 : 8세기부터 13세기까지 동방
이슬람 세계를 지배하던 칼리프 왕조.

부름이는 꾀를 냈어.
"제가 공주님 열을 내리게 할 수 있어요."
"조그마한 녀석이 어디서 말장난이야?"
"이봐, 그럴 게 아니라
요 녀석들 골탕 좀 먹여 보자.
칼리프* 님께 데려가자고.
혹시 알아? 정말 공주님 열이
내려 우리가 상을 받게 될지."
차웅이와 부름이는
성 안으로 끌려갔어.
칼리프는 얼굴에 걱정이 가득했어.
"그래, 어떤 방도가 있는지
말해 보아라."
"설탕을 쓰시면 됩니다.
설탕이 공주님의 열을
내리게 할 겁니다."
부름이가 자신 있게 말했어.

*칼리프(Caliph) : 이슬람 제국을 다스리던 사람. 아라비아 말로 '최고 통치자'라는 뜻.

칼리프가 옆에 서 있는 젊은이에게 물었어.

"너는 어떻게 생각하느냐? 제사에 쓰는 귀한 설탕을 약으로 쓴다?"

눈이 초롱초롱한 젊은이가 고개를 끄덕이며 말했어.

"일리 있는 말입니다. 설탕은 모든 병에 효과가 있으니까요.

저도 오늘은 설탕을 쓰려던 참입니다.

아무리 귀한 설탕이라도 공주님께는 아낌없이 써야지요."

칼리프는 고개를 끄덕였어.

그런데 이젠 살았구나 안심한 것도 잠시였어.

차웅이와 부름이는 '철커덕' 감옥에 갇혔어.

"우리를 왜 가두는 거예요?"

차웅이가 으르렁거렸어.

"공주님 열이 내리면 풀어 줄 테니, 어디 한번 기다려 봐."

시퍼런 창을 든 사람이 두 눈을 번뜩이며 말했어.

차웅이와 부름이는 마른 침을 삼키며 기다렸어.

하지만 아무리 기다려도 소식이 없었지.

얼마나 지났을까, 드디어 철창 문이 열리고 부름이가 풀려났어.

"간수님, 어째서 저만 풀어 주십니까?"

"칼리프 님의 명령이다. 정 억울하면 직접 가서 말해 보던가."

간수는 냉정하게 감옥 문을 걸어 잠갔어.

"부름아, 어떡해?"

차웅이는 울먹울먹 콧물까지 흘리며 울었어.

"차웅아, 곧 구해 주러 올 테니까 울지 마. 뚝!"

깊은 밤이었어.

부름이는 칼리프를 찾아가 사정을 해 볼 참이었어. 긴 복도를 걸어 칼리프의 침실로 숨어들어 갔어.

달빛에 낯선 그림자를 본 칼리프가 깜짝 놀라 일어났어.

"아니, 네가 여길 어떻게?"

"칼리프 님, 목숨을 걸고 청하옵건대 제 친구 차웅이를 살려 주십시오!"

부름이가 넙죽 엎드렸어.

"그 흉측한 녀석은 아무 도움도 주지 않았는데 어찌 풀어 주겠느냐?"

"칼리프 님, 차웅이는 감옥에서도 쉬지 않고 하늘에 기도했습니다. 공주님을 낫게 해 달라고요. 칼리프 님께는 흉측해 보일지 모르지만 우리나라에서는 제사장으로 모시는 곰입니다."

굳어 있던 칼리프의 얼굴이 더 딱딱해졌어.

"흐음, 그래? 우리 공주를 위해 기도를 했다? 누구한테 기도를 했느냐? 우리의 신을 너희가 아느냐?"

그들의 신을 모르는 부름이는 숨이 멎는 것 같았어. 이제 죽은 목숨이다, 생각하며 고개를 떨구는데 칼리프가 말했어.

"너희가 우리의 신을 알 리가 없지. 게다가 감히 나의 침실에
숨어들어 오다니 괘씸하구나. 하지만 네가 제법 의리도 있고 용감하구나.
게다가 공주를 위해 기도했다……. 음, 내 그 말은 믿으마.
그러지. 우리 공주도 나았으니 그 정도는 베풀어 주마."
부름이는 그제야 숨을 내쉬었어.
"칼리프 님, 고맙습니다."
감옥에서 풀려난 차웅이와 부름이는 설탕은 구경도 못 하고
바그다드에서 돌아왔어.
귀하다는 걸 함부로 달라고 할 수 없었던 거야.
"부름아, 날 구해 줘서 고마워."
차웅이 눈에 눈물이 글썽거렸어.
"넌, 내 친구니까 당연한 거지."
부름이가 차웅이 어깨를 감싸 안았어.
"그런데 공주님 열이 내리지 않았으면 어쩌려고 그랬어?"
차웅이가 눈물을 훔치며 물었어.
"주머니에 버드나무 껍질*이 한 줌 있거든.
버드나무 껍질이야말로 진짜 만병통치약이니까."
부름이가 호주머니를 뒤집어 바싹 마른 버드나무 껍질 한 줌을
보여 주었어.

"와, 그런 걸 어떻게 갖고 왔어?"

차웅이가 눈이 동그래져서 물었어.

"지난번에 심부름했을 때 남았던 건데 혹시 몰라서 가져와 봤어.
네가 배 아프다고 할까 봐."

부름이가 우쭐대며 말했어.

"히히, 역시 부름이밖에 없는걸."

차웅이가 부름이를 보고 눈을 찡긋하며 말했어.

* 버드나무 껍질에는 아스피린의 성분인 '살리실'이 들어 있다. 우리나라는 물론이고 고대 그리스인, 북아메리카 원주민들도 열을 내리는 데 버드나무 껍질을 써 왔다.

설탕은 만병통치약이었대!

옛날에는 설탕이 가장 흔히 쓰이는 약재였어. 이슬람의 위대한 의학자 이븐 시나(980~1037)는 '설탕 과자는 만병통치약이다.'라는 말을 남기기도 했지.
10세기, 이슬람의 한 줄기인 아바스 왕조 때는 궁중에서 설탕을 약으로 썼다는 기록이 있어.
12세기, 비잔틴제국의 황실에서도 열이 나면 설탕에 절인 장미 꽃잎을 약으로 썼대.
14세기, 유럽을 휩쓴 흑사병 때문에 수많은 사람이 죽어 갈 때도 설탕이 효과가 있다고 여겼어.
결핵이라는 병에 걸려서 숨쉬기가 어렵게 된 사람도 열이 날 때는 설탕을 약으로 먹었대.

5. 눈물 젖은 노예 설탕

차웅이는 몸을 흔들었어.
"와, 움직이는 게 이렇게 좋은 건지 몰랐어. 묶이는 건 정말 싫어."
"맞아, 묶인 채로 감옥에 있으니 눈물이 나려고 했어."
부름이도 고개를 흔들었어.
"근데 사람들에게 약이 되는 설탕이라면 그게 바로 착한 설탕 아니야?
팔랑아, 우리가 본 설탕이 착한 설탕 맞지?"

차웅이가 물었어.

"땡! 설탕을 약이라고 생각한 것뿐이지 실제 약은 아니야. 게다가 이때 설탕은 너무 귀해서 아무나 쓸 수 없었는걸."

팔랑이는 고개를 저었어.

"아, 머리 아파. 그럼 도대체 착한 설탕은 어디 있는 거야?"

차웅이가 투덜거렸어.

"슬슬 다음 단계로 가 볼까? 거기에 힌트가 많이 숨어 있을 거야."

팔랑이가 활짝 웃었어.

"좋아, 빨리 가 보자."

차웅이와 부름이는 마음이 급했어.

발 아래에 줄어든 그림자가 쑥쑥 커지고 있었거든.

에너지 주머니도 벌써 빨강, 주황을 지나

노란색으로 변해 있었지.

"18세기, 북아메리카로 간다. 이번 단계에는 2,500점이 걸려 있어."

부름이는 팔랑이를 '빠르게 세 번' 부쳤어.

또다시 바람이 거세게 몰아쳤지.

휘오잉 휘오잉 슈웅 슈

"여기는 북아메리카에 있는 아이티 섬이야."

항구에는 사람들이 바삐 움직이고 있었어. 배가 막 들어왔거든.

닻을 내리자 손에 채찍을 든 노예 상인이 나타났어.

그러자 배에서 아프리카 원주민이 가축처럼 끌려 나왔어.

"저런, 줄줄이 묶여 있네. 밧줄도 아니고 쇠사슬에 묶여 있어. 얼마나 아플까?"

부름이가 입을 다물지 못했어.

"어쩜, 아이들도 있어."

차웅이도 혀를 찼어.

쇠사슬에 묶인 사람들이 끝도 없이 나왔어.

어찌나 많은지 한 배에서 나왔다고는 믿을 수 없을 정도였어.

배에서 내린 사람들은 신체검사를 받았어.

애꾸눈을 한 노예 상인이 채찍을 든 채 소리를 질렀어.

몸을 검사해 건강한 사람은 비싸게 팔려는 거야.

어느 가족의 신체검사가 끝나자 노예 상인이 말했어.

"이 아이는 몸이 약해 쓸모가 없겠어. 남자와 여자만 자메이카 설탕 섬으로 보내고 아이는 여기 남겨 몸종으로 팔아."

덩치 큰 어른들이 아이를 끌고 갔어.

"안 돼! 내 아이!"

쇠사슬에 묶인 여자가 소리쳤지만 노예 상인은 눈도 꿈쩍하지 않았어.

남자도 울부짖었어.

달콤한 설탕에 배어 있는 눈물

18세기 아이티 섬은 카리브 해 무역의 중심지였어. 프랑스가 아이티 섬을 지배하면서, 거대한 사탕수수 농장이 생겨났거든. 이 시기 수많은 아프리카 원주민이 카리브 해로 가는 노예선을 탔는데, 이들이 맨 처음 도착하는 곳이 아이티 섬이었어. 이곳에서 건강한 노예들은 농장으로 팔렸고, 죽은 자는 바다에 던져졌고, 아픈 사람은 버려지거나 헐값에 몸종으로 팔렸지.

이때 아메리카로 끌려간 아프리카 원주민은 적어도 수천만 명이 넘는다고 해. 이렇게 많은 사람이 강제로 끌려갔으니 아프리카는 성장할 힘도, 기회도 잃고 말았어. 지금도 아프리카에는 굶는 아이들이 많고, 공부 같은 건 꿈도 꾸기 어려운 아이들도 많아. 만약 노예 상인이 없었다면 아프리카의 모습은 달라지지 않았을까?

"아이를 돌려줘요!"

하지만 아무도 도와주지 않았지.

오히려 남자는 등에 채찍을 맞았어.

차웅이가 눈을 질끈 감았어.

"저 사람들이 노예로 팔려 가 설탕을 만든다는 거지?

눈물이 나서 설탕을 어떻게 먹지?"

부름이가 눈시울을 붉혔어.

"도대체 무슨 일이 일어나고 있는 걸까, '설탕 섬'은 또 뭐고?

팔랑아, 뭐라고 말 좀 해 봐."

차웅이가 재촉하자 팔랑이는 뭔가 골똘히 생각하더니 입을 뗐어.

"1492년 아메리카 대륙에 발을 디딘 탐험가 콜럼버스는 아메리카로
사탕수수를 가져갔어. 그 뒤 아메리카 대륙에는 거대한 사탕수수 농장이
생겼지. 그리고 이곳에서 일할 사람을 아프리카에서 끌고 왔어.
짐짝처럼 배에 싣고 와서 노예로 부렸지. 노예들의 눈물과 땀을 설탕으로
바꾸었던 거야. 이런 비참한 일은 '삼각무역'으로 이루어졌어."

"삼각무역?"

"응, 삼각무역. 유럽, 아프리카, 아메리카 세 대륙을 잇던 무역이야."

"삼각무역, 너무 잔인하다."

부름이가 한숨을 쉬었어.

"그러게 말이야. 그런데 설탕 섬이라는 자메이카에 가 보면
착한 설탕이 무엇인지 알 수 있을 것 같지 않아?"
"내 말이 바로 그거야."
차웅이와 부름이는 죽이 척척 맞았어.
둘은 배 안으로 숨어 들어가기로 했어. 설탕 섬에 보낸다는
남자와 여자를 태운 바로 그 배로 말이야. '설탕 섬'에 따라가려는 거지.
배 안에는 채찍으로 매를 맞은 노예들이 발 디딜 틈도 없이 빽빽했어.
"웩!"
차웅이와 부름이는 헛구역질을 했어.
지독한 냄새가 코를 찔렀거든.
사람들은 땀과 눈물, 피와 고름에 뒤범벅되어 있었어.
게다가 그 자리에서 똥오줌까지 해결해야 했으니
괴롭기가 이루 말할 수 없었지.
배가 흔들릴 때마다 오물이 바닥에 쓸려 다녔어.
더욱 기막힌 것은 그 자리에서 끼니도 때워야 한다는 거야.
누군가 안 먹겠다고 버티자 감시하는 사람들이 끌고 나갔어.
"또 때리려나? 아니면 특식이라도 주는 건가?"
부름이가 차웅이에게 속삭였어.
뒤를 따라가 보니, 쇠막대기를 입에 넣어 억지로 입을

벌리는 거야. 그러더니 입에 깔때기를 꽂았어.

그 안으로 죽을 부었지.

정말 몸서리칠 정도로 끔찍했어.

"왜 저렇게 억지로 먹이는 거야?"

차웅이는 화가 나서 말했어.

"먹지 않으면 기운이 없어서 일을 못 하니까 비싸게 팔 수 없잖아."

대답하는 팔랑이도 슬퍼 보였어.

시간이 얼마나 흘렀을까, 드디어 자메이카 섬에 도착했어.

"우와, 사탕수수 좀 봐."

부름이와 차웅이 입이 떡 벌어졌어.

사람 키보다 훨씬 높게 자란 사탕수수가 끝없이 펼쳐진 곳이었지.

마치 정글 한복판 같았어.

노예들은 사탕수수를 베느라 숨 돌릴 틈도 없었어.

잠시라도 등허리를 펴면 바로 채찍이 날아드니까.

"팔랑아, 저렇게 벤 사탕수수를 어디로 가져가는 거야?"

부름이가 물었어.

"사탕수수에서 달콤한 즙이 나오잖아. 아마도 근처에 즙을 짜는 공장이 있을 거야."

부름이가 다시 물었어.

"즙을 짜서 돌꿀을 만드나?"
"아니, 이 시대에는 설탕 만드는 기술이 좀 달랐어."
"어떻게 달랐는데?"
"설탕을 만드는 노예들도 많고 기계도 발달해서 설탕을 엄청 많이 만들었지."

사탕수수밭 일구기

사탕수수를 심으려면 우선 밭을 만들어야 해. 자메이카의 남쪽 바닷가에는 평야가 있었지만 하와이의 오아후 섬은 밀림 속을 헤치며 나무를 베어 내고 사탕수수밭을 만들었어.

밭 주변에는 물길도 만들어야 해. 가뭄이 들면 사탕수수 농사를 망치기 때문에 늘 물을 준비해야 했지. 이집트처럼 가뭄이 있는 곳에서는 한 해에 28차례나 물을 대며 사탕수수를 키웠다고 해.

사탕수수 기르기

사탕수수가 다 자라는 데는 일 년 반이 걸려. 일꾼들은 그때까지 쉬었을까? 그렇지 않아. 농장 주인은 땅을 몇 개의 구역으로 나누어 각각 다른 시기에 사탕수수를 심게 했어. 한 구역에 심은 사탕수수가 다 자라면 베어내고 설탕을 만들지. 다음 구역에서도 사탕수수가 자라면 거두기를 기다리고 있는 거지. 이렇게 하면 농장 주인은 일꾼들을 쉬지 않고 부리며 설탕을 계속 만들어 낼 수 있거든.

사탕수수 즙 짜기

사탕수수는 베는 즉시 즙을 짜야 해. 시간이 지나면 즙이 마르기 때문이야. 즙을 짜기 위해 수숫대를 노새들이 돌리는 커다란 롤러에 넣어. 롤러는 꽉 맞물려 돌아가면서 사탕수수 즙을 짜내지. 롤러에 들어가는 것은 뭐든지 으스러지고 말아. 깜빡 졸기라도 한다면 손가락이 롤러에 빨려 들어가. 생각만 해도 끔찍한 일이야.

사탕수수 즙 졸이기

즙을 모아 큰 솥에 넣고 오랫동안 끓여야 해. 끓이는 동안 노예들은 국자로 찌꺼기를 걸러 내야 해. 그런데 이 국자는 길고 무거워서 기운 센 젊은이들도 낑낑거릴 정도였어. 또 당시 땔감으로 쓰던 것은 설탕을 만들 때 나오는 찌꺼기였는데, 이게 어찌나 빨리 타는지 땔감을 넣기가 바빴지. 사람들은 완전히 녹초가 되어 버렸어. 몇 시간 동안 쉴 새 없이 서서 일하다 보면 다리에 병이 나는 노예들이 많았어.

알갱이로 만들기

졸인 즙을 알갱이로 만들려면 즙을 식히면서 계속 뒤집어야 해. 작은 알갱이가 될 때까지 말이야. 오랫동안 졸여서 끈끈해진 즙을 뒤집는 것은 힘이 많이 드는 일이야.

사탕수수 즙 졸이기

"이렇게 많이 만든 설탕은 누가 다 먹는 거지?"

부름이가 물었어.

"유럽 사람들이지. 유럽에 설탕이 유행하기 시작했거든."

"그럼 유럽 사람들이 설탕을 먹으려고 저렇게 많은
아프리카 사람을 끌고 왔다는 거야?"

차웅이가 물었어.

"맞아. 많이 만들어야 하니까 사람들이 많이 필요했을 거야.
그런데 많은 사람에게 일한 값을 쳐주려면 돈이 많이 드니까
농장 주인들은 아프리카 원주민들을 잡아 오기 시작했어.
이걸 '노예 사냥'이라고 해."

"이제 좀 알 것 같아, 착한 설탕이 뭔지."

부름이가 말했어.

"나도."

차웅이도 고개를 끄덕였어.

소곤소곤 얘기했는데도 감독하는 사람이 눈을 부라리며
차웅이와 부름이 쪽으로 다가오고 있었어.

손에는 멍에를 들고 있었지.

"저 사람도 너처럼 귀가 밝은가 보다. 어서 돌아가자.
잘못하면 우리까지 저 멍에를 쓰겠어."

생각만 해도 목이 조였어.

부름이는 팔랑이를 '빠르게 세 번' 부쳤어.

6. 설탕 사지 맙시다!

부름이가 목을 어루만졌어.

혹시 목에 멍에가 씌워진 건 아닌지 은근히 걱정이 됐거든.

차웅이는 자신 있다는 듯 팔랑이에게 물었어.

"이번 세 번째 단계에서 착한 설탕을 알아맞히면 2,500점이었지?"

"그래, 그런데 벌써 정답을 알아냈어?"

팔랑이는 깜짝 놀랐어.

"확실하지는 않지만 느낌이 팍 오는걸."

차웅이가 의기양양하게 말했어.

"좋아, 정답은?"

팔랑이가 눈을 크게 뜨고 차웅이를 봤어.

"노예가 만들지 않은 설탕!"

"흠, 그것만 갖고는 점수를 줄 수가 없네."

팔랑이는 '땡' 소리를 냈어.

그 소리가 머리를 띵하게 만들었지.

"되게 짜다. 그럼 뭐가 더 있어야 하지?"

차웅이가 억울한 듯 따졌어.

"그때 유럽 사람들도 저렇게 인정이 없었나?"

부름이도 혀를 내둘렀어.

"내가 인정이 없다고?"

팔랑이가 눈을 흘겼어.

"아, 아니. 노예를 사고파는 유럽 사람들."

둘은 손사래를 치며 시치미를 뗐어.

"나는 인정 많은 부채도사야. 그리고 유럽에도 나처럼 인정 많은 사람들도 있었어."

팔랑이가 '흠흠' 하고 기침을 하더니 말을 돌렸어.

"오, 그래?"

차웅이가 눈을 반짝였어.

"18세기 후반 영국에서 인간적인 바람이 불기 시작했어."

팔랑이가 말했어.

"그건 네 번째 단계 얘기겠지?"

부름이가 물었어.

"잘도 아네. 이번 네 번째 단계는 1,250점이야."

부름이가 팔랑이를 '빠르게 세 번' 부쳤어.

또다시 바람이 거세게 몰아쳤어.

휘오잉 휘오잉 슈욱 슉

차웅이와 부름이는 공중으로 부웅 날아올랐어.

이번에는 시장 길목에 떨어졌어.

"팔랑아, 여기가 어디야?"

차웅이가 정신을 차리면서 물었어.

"여기는 영국의 수도, 런던이야."

팔랑이가 귓속말로 알려 줬어.

거리에서 어떤 젊은이가 목소리를 높여 외치고 있었어.

"여러분, 이제 설탕 사지 마세요! 노예가 만든 서인도제도의 설탕은 더 이상 사지 마세요!"

사람들이 웅성거렸어.

"그러게요, 노예들이 온갖 고생하며 만든 설탕을 먹자니 양심에 걸려요."

"하지만 달콤한 설탕을 먹지 않고는 견딜 수가 없지 않소. 설탕을 듬뿍 넣어 마시는 홍차야말로 인생의 즐거움이라오."

점잖은 신사가 지그시 눈을 감으며 찻잔 드는 시늉을 했어.

젊은이가 다시 우렁차게 말했어.

"여러분, 걱정 마세요! 저희 동인도제도의 설탕은 노예가 만들지 않습니다. 이 달콤한 설탕은 노예가 만든 게 아니라 돈을 받는 일꾼들이 만들었습니다! 저희는 노예를 쓰는 것에 반대합니다. 노예도 저희와 똑같은 사람이니까요!"

젊은이는 한 손으로 옆에 있는 가게를 가리켰어.

그 가게에는 이런 말이 붙어 있었어.

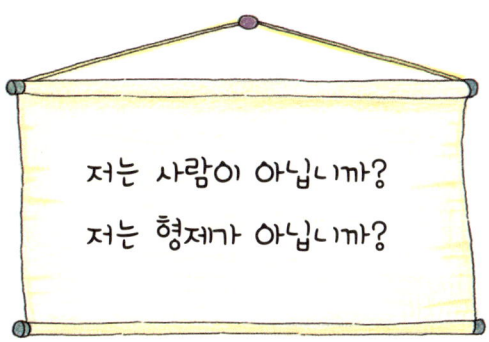

"도대체 무슨 말을 하는 거야?"
사람들이 궁금해서 젊은이 앞으로 모여들었어.
"우리 가게의 설탕은 노예들이 만드는 설탕이 아닙니다."

차웅이와 부름이는 그 가게로 들어가 봤어.

"어서 오세요, 손님."

주인 아저씨가 콧소리를 내며 설탕 통을 내밀었어.

"최신 유행하는 설탕 통이랍니다. 여기 뒷면을 한번 보실까요?"

거기에는 이런 글이 쓰여 있었어.

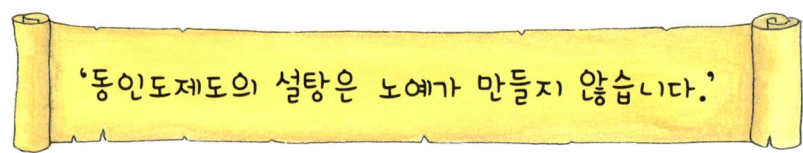

'동인도제도의 설탕은 노예가 만들지 않습니다.'

주인 아저씨가 이번에는 설탕 봉지를 들이밀었어.

"이번 기회에 동인도제도에서 생산된 설탕으로 바꿔 보시는 건 어떨까요? 노예를 구하는 정의로운 설탕이랍니다, 하하하."

주인 아저씨는 자랑스럽게 말했어.

"정말 놀라운 설탕 아닙니까?"

부름이와 차웅이는 아저씨를 쳐다보더니 팔랑이에게 물었어.

"사람들이 갑자기 왜 이러는 거야?"

그러자 팔랑이는 진지한 표정으로 쇠사슬에 묶인 채 바다에 던져진 노예의 이야기를 들려주었어.

영국 사람들이 왜 설탕을 사지 말자고 했을까?

노예무역이 한창이던 때, 커다란 영국 배가 대서양 뱃길을 지나고 있었어. 짐칸에 노예를 정어리처럼 차곡차곡 채운 배였지.

그런데 선원도 노예도 시름시름 앓는 거야. 배에 전염병이 돌고 있었거든. 선장은 노예들을 바다에 던지라고 명령했어.

"던져 버려라!"

노예들의 비명은 바닷물에 파묻히고 말았어. 손에 쇠사슬이 묶인 채로 말이지. 그런데 한 사람이 간신히 쇠사슬을 끊고 헤엄을 쳤는데 살아남은 거야.

"살려 주세요!"

이 소문은 영국 전체에 퍼졌어.
"어떻게 산 사람을 바다로 던진대? 그것도 쇠사슬에 묶은 채로."

"사실이야?" "그렇대요."

사람들은 선장을 법정에 세웠어. 하지만 선장은 대수롭지 않게 말했어.
"전염병이 돌아 노예들 건강이 말이 아니었어요.
살아서 서인도제도까지 간다 해도 제값을 받지 못할 게 뻔했거든요."
더욱 놀라운 것은 이 선장이 재판에서 무죄로 풀려난 거야.
노예는 소나 돼지처럼 여겨도 된다는 거였지.

이 사건이 일어난 뒤, 점점 많은 사람들이 노예 제도를 반대하기 시작했어. 뜻이 있는 사람들은 노예무역을 보고만 있을 수 없었지. 도자기를 빚는 도예가 '웨지우드'는 쇠사슬에 묶인 노예 형상을 새겨 배지를 만들었어. 이 배지는 영국 젊은이들 사이에 유행처럼 번지기 시작했지.

조사이어 웨지우드(Josiah Wedgwood, 1730~1795)
영국의 도예가. 새로운 유약, 새로운 디자인을 개발하여 영국 도자기 발전에 큰 역할을 했다.

젊은 정치인 '윌버포스'는 이런 사회적 분위기를 읽고 뜻을 같이하는 사람들을 모았어. 노예를 부려 만든 설탕을 사지 말자고 했어. 그래서 그는 노예무역으로 이익을 얻고 있던 상인들과 정치인들에게 죽임을 당할 처지에 놓였지만 뜻을 굽히지 않았지. 마침내 1807년 영국에서는 노예무역을 못 하게 하는 법이 만들어졌고, 1833년에는 영국 전체에 노예제도가 없어졌어. 안타깝게도 윌버포스는 그 소식을 들은 지 사흘 만에 세상을 떠났지. 하지만 수많은 사람이 그의 값진 노력으로 새 삶을 찾게 된 거야.

윌리엄 윌버포스(William Wilberforce, 1759~1833)
영국의 정치가. 노예 무역 폐지법을 만들고 노예 해방 운동에 힘썼다.

팔랑이 이야기를 듣고 나니 고개가 끄덕여졌어.

"동인도제도의 설탕을 먹으면 착한 사람이 될 것 같아."

부름이가 신기한 듯 말했어.

차웅이도 자신 있는 목소리로 말했어.

"바로 이거다. 동인도제도의 설탕이 착한 설탕이지? 맞지?"

"땡!"

팔랑이가 안타까운 듯 고개를 저었어.

"어째서 아니라는 거야? 노예가 만들지 않았는데……."

"노예는 아니었지만 노예나 다름없이 일했는걸."

"그래?"

차웅이는 실망한 듯 물었어.

"노예 신분은 면했지만 여전히 힘들게 일했지. 그렇게 금방 해결되지 않았어. 이제 다음 단계로 가 볼까? 다섯 번째 단계에서는 625점을 받을 수 있어."

"어휴, 어느새 다섯 번째 단계네. 아무튼 어서 가 보자."

부름이와 차웅이는 조바심이 났어.

해가 서쪽으로 기울고 있었어.

7. 노예가 따로 없어!

 부름이가 팔랑이를 '빠르게 세 번' 부쳤어.
또다시 바람이 거세게 몰아쳤어.

휘오잉 휘오잉 슈욱 슉

차웅이와 부름이는 공중으로 부웅 날아올랐다가

어느 섬에 떨어졌어.

"여기는 20세기 초, 하와이 섬이야. 우리나라 사람들이

하와이로 이민을 와서 일하던 때지."

팔랑이가 친절하게 일러 줬어.

하와이 섬에도 사탕수수밭이 끝없이 펼쳐졌어.

그런데 어딘가에서 아이 울음소리가 들렸어.

귀 밝은 차웅이가 울고 있는 아이를 먼저 찾아냈지.

대여섯 살밖에 안 돼 보이는 남자아이가

한복 바지저고리를 입고 있었어.

"어디 아파?"

부름이가 다가가서 말을 걸었어. 아이는 고개를 저었어.

"그럼, 엄마는?"

이번에도 아이는 고개를 저었어.

"아빠는?"

아이는 더 큰 소리로 울기 시작했어.

차웅이와 부름이는 아이를 어르고 달래느라 진땀을 뺐지.

아이가 겨우 눈물을 멈추고 딸꾹질을 하며 말했어.

"아버지 찾으러 나왔는데, 길을 잃었어."

"그랬구나. 가도 가도 사탕수수밖에 없으니 그럴 만도 하지."

"우리랑 같이 찾아보자."

아이 얼굴이 금세 밝아졌어.

차웅이가 귀를 세우고 소리를 모으더니 남쪽을 가리켰어.

"가만, 남쪽에서 우리나라 말이 들리는 것 같아."

남쪽으로 한참을 가니 한 무리의 일꾼들이

어마어마하게 자란 사탕수수를 베고 있었어.

"팔랑아, 그런데 여기 왜 이렇게 우리나라 사람이 많은 거야?"

부름이가 이상해서 물었어.

"여기에 오면 잘 먹고 잘 살 수 있다고 해서 왔거든.

그런데 막상 와 보니 그게 아니었어."

팔랑이가 몸을 접었다가 펴더니 대답을 했어.

사탕수수 농장으로 떠난 한국 사람들

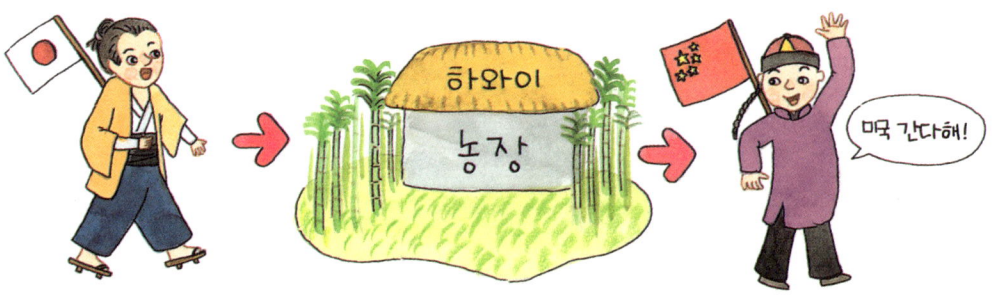

하와이에서는 1830년대부터 사탕수수 농장을 많이 만들었어. 처음에는 중국에서 온 사람들이 일을 했어. 하지만 일이 힘들다 보니 계약이 끝나면 미국으로 가 버렸지. 대신 그 자리를 일본에서 이민 온 사람들이 메꿨어.

1898년 하와이가 미국 땅이 되자, 하와이에 있던 일본 사람들도 미국 캘리포니아 주로 떠났어. 그곳에도 일꾼이 많이 필요했거든. 하와이에는 일손이 모자라게 됐어. 게다가 남아 있던 사람들마저 파업을 시작했어. 일을 안 하겠다고 버틴 거지.

한편 조선에 선교사로 온 미국인 알렌은 하와이 사정을 잘 알고 있었지. 당시 배를 곯던 조선 사람들이 하와이에 가서 일을 하면 좋겠다고 생각했어. 그래서 고종 황제에게 제안을 했던 거야. 백성들을 하와이로 보내고 새로운 문물도 받아들이자고 말이야.

알렌은 조선 사람을 소개하고 소개비도 받았어. 1902년 12월, 제물포에서 갤릭호라는 배를 타고 120명의 사람들이 떠났어. 일본이 우리 땅을 마구 짓밟은 때여서 하와이 이민은 더 늘어났어. 두 해가 지나자 이민자는 7,000명이 넘었지.

팔랑이의 이야기가 끝나자 차웅이와 부름이는 슬퍼졌어.

아이의 아버지를 생각하며 터벅터벅 걸었지.

저 멀리 일꾼들이 모여 있는 곳이 보였어.

"아가야, 저기 아버지가 계셔?"

아이가 아버지를 가리키더니 다시 입을 삐죽거렸어.

아이 아버지를 불러낼 수 없었기 때문이야.

뒤에 채찍을 든 감독관이 버티고 있었거든.

"차웅아, 귀 좀……."

부름이는 작전을 짰어.

빈틈없는 작전 덕분에 아이의 아버지는 안전하게 나왔어.

"아니, 우리 복남이가 여길 어떻게?"

아버지는 놀라며 아이를 번쩍 안았어.

"길을 잃었다기에 저희가 데려왔어요."

"고맙구나. 혼자 두고 나오려니 발길이 떨어지지 않았는데 이렇게 보게 되다니……."

"일터에 아이랑 같이 나오시면 안 돼요?"

"그러다 감독관 눈 밖에 나서 이 일도 못 하게 될까 봐……. 배불리 먹여 준대서 이 먼 곳까지 왔는데 우리를 어찌나 고약하게 부리는지 몰라. 조선에서는 글도 읽을 수 있었는데 여기서는 노예나 마찬가지야. 내일 또 배가 들어오는데 조선 사람이 엄청나게 온다더라."

"일하는 사람이 많던데 또 필요해요?"

부름이가 물었어.

"사탕수수 농장은 사람이 늘 부족해. 하지만 자꾸 새로운 사람들이 오니까, 일하던 사람들의 대우는 더 나빠지고 있어. 우린 하루에 10시간씩 일하고 65센트*를 받아. 이 돈으로는 간신히 끼니만 유지할 뿐이야. 꿈을 찾아왔지만, 이곳에서는 원하는 건 아무것도 가질 수 없지."

"그걸 알면서 왜 계속 오는 거죠?"

차웅이가 물었어.

*센트(cent) : 미국, 홍콩 등의 화폐 단위. 1달러의 100분의 1.

"우리 땅에서 일본 사람들에게 괴롭힘을 당하는 것보다는 나으니까."

"일본이라니요?"

"일본이 우리 조선 땅에 쳐들어와 논과 밭을 다 차지하고 쌀을 빼돌리니 우리 농부들이 먹을 게 없는 거야. 그런데 여기서도 힘들기는 마찬가지야. 허리를 펼 날이 없어."

"어휴, 힘드시겠네요."

차웅이와 부름이는 이곳에 와서 고생하는 사람들을 보자 마음이 아팠어.

"이젠 가 봐야겠다. 그나저나 우리 복남이를 어쩌지?"

아저씨는 얼굴에 걱정이 가득 찼어.

"저희가 집에 데려다 줄게요."

부름이가 얼른 대답했어.

"너희가 길을 알아?"

아저씨는 미안한 듯 조심스레 물었어.

"차웅이는 멀리서 들리는 소리도 기막히게 잘 듣거든요. 또 저희는 부채도사 팔랑이도 있으니 걱정 마세요."

"정말 고맙구나. 그럼 우리 아들을 부탁한다."

"네, 그럼 몸조심하세요."

"복남아, 조금만 더 기다려. 일 마치면 얼른 돌아갈게."

아저씨 말에 복남이 눈에 또 눈물이 고였어.

아저씨 품에 안긴 복남이는 떨어지려 하지 않았어.

땀으로 범벅이 된 아저씨 얼굴에도 눈물이 주르륵 흘렀어.

차웅이도 부름이도 코끝이 찡했어.

복남이를 집에 데려다 주고 나자,

에너지 주머니가 남색으로 변해 있었어.

"꼭 이래. 에너지는 눈치도 주지 않고 술술 샌다니까."

차웅이가 투덜거렸어.

"남색으로 변하면, 보라색이 되는 건 순식간이야."

부름이는 팔랑이를 '빠르게 세 번' 부쳤어.

8. 공정해서 행복한 설탕 마을

"드디어 알겠어, 착한 설탕이 뭔지."

차웅이가 코를 훌쩍거리며 말했어.

"그래? 이번에 맞추면 625점이야. 과연 차웅이가 답을
맞출 것인가? 두두두두, 정답은?"

부름이도 발을 동동 구르며 차웅이 대답을 기다렸어.

차웅이가 눈에 힘을 주며 말했어.

"착한 설탕은 따로 있지 않아. 설탕 만든 사람을 울리면 안 돼.

노예처럼 대하지 않고 일한 대가를 제대로 치러야지."

"빰빠라 밤! 드디어 맞혔어, 축하해. 바로 그거야.

일한 사람에게 값을 제대로 치르는 설탕! 그게 바로 착한 설탕이야."

"야호!"

차웅이와 부름이는 좋아서 펄펄 뛰었어.

"일한 대가를 제대로 치르면 혹시 설탕 값이 엄청 비싸지는 건 아니야?"

차웅이가 걱정스레 말했어.

"설탕 값이 비싸지는 것은 일한 대가를 제대로 치러서 그런 게 아니야.

중간에서 물건을 사고파는 사람들 중에는 자기만 이익을 크게 내려는

욕심쟁이 중간 상인이 있거든."

"욕심쟁이 중간 상인?"

"응, 설탕을 만드는 생산자와 설탕을 쓰는 소비자를 연결하는

사람 중에는 자기 배만 불리려는 사람들이 있어. 터무니없이 싼 값에

물건이나 원료를 사서 정작 물건이 필요한 사람한테는 엄청나게

비싼 값에 파는 거야. 돈이 많은 큰 회사가 그런 마음을 먹으면 생산자와

소비자 모두 고생이야. 생산자한테는 너무 싼 값을 내밀고, 그 물건이

필요해서 사는 소비자한테는 벌벌 떨리게 비싼 값을 내미는 거야."

"너무 어려워. 쉽게 설명해 줘."

팔랑이는 알겠다는 듯이 몸을 다시 접었다 착 펼쳤어.

설탕이 왜 이렇게 비쌀까?

그런데 공장과 배달회사와 큰 가게까지 갖고 있는 큰 회사에서는 올해 설탕이 조금밖에 없다며 두 배로 비싸게 팔아. 설탕이 부족해서 손해를 보기는커녕 이익이 늘어나지. 가게에서 설탕 값을 본 소비자는 비싼 값 때문에 놀라게 돼.

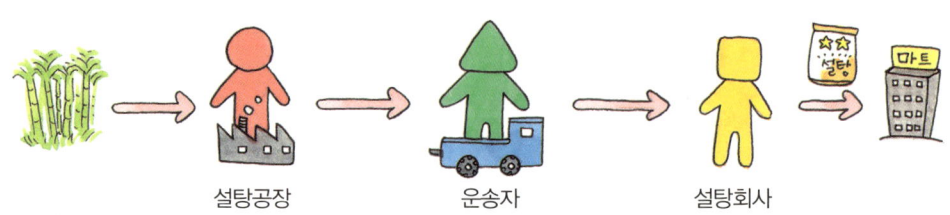

이렇게 해 보는 건 어떨까?

"아하, 이제야 좀 알겠는걸. 설탕을 만든 사람, 파는 사람, 사는 사람이 모두 공정하게 일을 하자는 거지?"

차웅이가 머리를 긁적거렸어.

"와, 차웅이가 제법이네!"

팔랑이가 대견한 듯 칭찬했어.

"이렇게 공정하게 물건을 사고파는 곳이 있어. 값을 제대로 쳐주면 사람들이 얼마나 행복해지는지 가 보자."

부름이가 에너지 주머니를 보더니 얼굴을 찡그렸어.

"에너지가 곧 바닥이 날 것 같은데. 그러다가 또 숨은숲 시장에 못 가면 어떡해?"

"오래 걸리지는 않을 거야. 이 정도면 딱 맞게 다녀올 수 있어."

"팔랑이가 괜찮다니 얼른 다녀오자."

그제야 부름이는 안심하고 팔랑이를 '빠르게 세 번' 부쳤어.

또다시 바람이 거세게 몰아쳤어.

휘오잉 휘오잉 슈욱 슉

"여기는 21세기, 필리핀 네그로스 섬이야. 사람들은 이곳을 '설탕 마을'이라고 불러."

"얘들아, 안녕? 너희도 축제에 가는 길이니?"

누군가 말을 걸었어.

"어, 누구신데요?"

"나는 로니야. 대안무역재단에서 일해."

"대안무역재단?"

차웅이가 되물었어.

"응, 설탕을 직접 만들지는 않지만 설탕 만드는 사람들이 행복하게 살 수 있도록 고민하는 곳이야."

"그래서 좋은 방법을 찾았어요?"

부름이도 눈을 반짝였어.

"그럼. 돈이 필요한 농민들에게 돈을 빌려 주기도 하고, 필요한 기술이 있으면 가르쳐 주기도 하지. 설탕을 판 이익이 생기면 농민들과 함께 나누기도 해."

"와, 여기는 정말 공정하고 행복한 설탕 마을이네요!"

부름이가 탄성을 질렀어.

네그로스 섬에서는 축제가 열리고 있었어.

"우리 마을에선 해마다 축제를 해. 이리 와 봐,

행복한 설탕 마을 '네그로스 섬'을 소개합니다!

"우리 마을에선 여러 사람이 함께 땅을 빌리고, 사탕수수 농사를 지어. 함께해서 그런지 돈을 두 배나 벌었어. 동물들의 배설물과 설탕 찌꺼기를 섞어 직접 비료를 만드니, 땅도 기름지고 거두는 양도 늘었어."

"우리 마을에는 가뭄이 들 때가 많아. 그런데 대안무역재단 사람들이 싼 이자로 돈을 빌려 주서서 양수기를 들일 수 있었어. 이제 양수기로 물을 퍼 올려서 사탕수수뿐만 아니라 채소도 가꿔. 정말 고맙고 행복해."

"우리 시장에는 없는 게 없어. 설탕은 물론이고 우유, 커피, 간장, 식용유, 술, 문구 용품까지 있지. 필요한 물건을 서로 바꾸는 물물 교환 시장이야."

설탕 마을 사람들을 소개해 줄게."

로니 아저씨는 무척 친절한 사람이었지.

"그런데 다들 가면을 썼네?"

차웅이가 물었어.

"가면이 다 웃는 얼굴이지? 웃으면서 즐겁게 살자는 거야."

팔랑이가 말했어.

"그럼 우리도 웃어 볼까?"

차웅이가 이를 드러내고 웃자 부름이도 활짝 웃었어.

그때 춤꾼 무리가 다가왔어.

"어이, 친구들! 왜 서서 이야기만 하고 있는 거야?

우리와 함께 축제를 즐기자고!"

춤꾼 무리는 차웅이와 부름이를 빙 둘러쌌어.

"난 팔로야. 날 따라해 봐."

팔로는 부름이 또래의 여자아이였어.

팔로가 생글거리며 춤 동작을 크게 했어.

부름이가 팔로를 따라 춤을 추자 차웅이 눈이 두 배는 커졌어.

차웅이도 엉덩이를 되똥거리며 몸을 흔들었어.

"차웅아, 너, 춤 정말 잘 춘다."

차웅이와 부름이는 신나게 웃었어.

모두 즐거운 표정이었지.

팔로는 차웅이와 부름이를 큰 솥이 있는 곳으로 데려갔어.

돌꿀을 만들던 솥과 비슷했어. 굴뚝도 길게 나 있었지.

"이 솥이 사탕수수 즙을 끓이는 솥이야. 1~2분마다 한 번씩
저어야 하는데, 저을 때마다 팔 힘을 많이 써야 해.
그래서 우리는 이 설탕을 '마스코바도(Mascobado)'라고 해.
마스코바도는 '근육으로 만든 설탕'이라는 뜻이거든."

팔로가 설명해 주었어.

"'근육으로 만든 설탕'이라니 재밌는걸. 그런데 이 설탕은 하얗지 않네?"

"설탕이 하얀 건 화학 물질을 넣어 색을 빼기 때문이야.
우린 설탕을 하얗게 만드는 화학 물질을 넣지 않아."

땀을 뻘뻘 흘리며 사탕수수 즙을 젓고 있던 아저씨도 한마디 덧붙였어.

"사탕수수를 기를 때도 농약을 쓰지 않는단다."

"오호라, 이 설탕이야말로 공정한 건 물론이고 진짜 착한 설탕이네요."

차웅이가 활짝 웃으며 말했지.

"그럼, 우리는 공정무역을 위한 설탕을 만들고 있지."

아저씨도 활짝 웃었어.

"착한 설탕 주세요."

부름이가 얼른 주문을 했어.

"잠깐, 퀴즈여행 중에는 물건을 살 수 없어. 우린 숨은숲 시장으로 가서 사야 해."

팔랑이가 딱 잘라 말했어.

"그래? 그럼 어서 숨은숲 시장으로 가자."

부름이가 신이 나서 서둘렀어.

"여기 들르길 잘했어. 이렇게 행복한 사람들을 만나지 못했다면 우린 슬펐을 거야."

차웅이가 말하는 사이에 에너지 주머니가 보라색으로 변하기 시작했어.

팔랑이가 눈을 찡긋했어. 이제 숨은숲 시장으로 가자는 거지.

부름이가 팔랑이를 '빠르게 세 번' 부쳤어.

또다시 바람이 거세게 몰아쳤지.

휘오잉 휘오잉 슈욱 슉

9. 공정무역 설탕 주세요!

"야호, 드디어 숨은숲 시장에 도착했어!"
차웅이가 흔들흔들 엉덩이를 흔들었어.
"아직도 춤추고 있는 거야, 차차웅?"
부름이가 배꼽을 잡고 웃었어.
"다들 무사히 도착해서 정말 다행이야. 자, 내가 주는 점수는 여기 있어."
팔랑이 얼굴에 점수가 나타났지.

차웅이와 부름이는 서둘러 설탕 가게로 들어갔어.

가게에 들어서자 착한 설탕이 눈에 확 들어왔지.

"여기 있다. 착한 설탕, 마스코바도!"

"잘 찾네. 갑자기 눈이 밝아진 거야?"

부름이 말에 차웅이가 어깨를 으쓱해 보였어.

"히히, 아는 만큼 보인다고 해 둘게."

부름이가 설탕가게 할아버지에게 팔랑이를 내밀었어.

할아버지가 팔랑이 몸에 스캐너를 대자 '삑' 하는 소리와 함께

점수가 사라졌어.

"오, 퀴즈여행을 다녀왔나 보구나. 625점이나 얻었다니 대단한걸?

이 공정무역 설탕은 300점이란다. 남은 325점은 적립하겠니?

마스코바도 모둠인 대안무역재단에 기부할 수도 있단다."

"어, 대안무역재단?"

"로니 아저씨!"

둘은 동시에 외쳤어.

"할아버지, 남은 점수는 기부할게요."

부름이의 말에 할아버지가 웃으며 고개를 끄덕였어.

가게 문을 나서자 다시 한번 거센 바람이 휘몰아쳤지.

휘오잉 휘오잉 슈욱 슉

드디어 처음 여행을 시작했던 달큰숲 도서관으로 돌아온 거야.

"팔랑이와 함께하는 퀴즈여행은 언제나 즐거워."

부름이가 말했어.

"팔랑아, 다음에 또 재미나게 놀자."

차웅이도 싱글벙글했어.

"둘 다 즐거웠다니 다행이야. 엄마가 기다리시겠다.

어서 설탕 갖다 드려!"

"아차! 심부름을 잊었네."

"팔랑아, 다음에 또 올게!"

"안녕!"

팔랑이가 몸을 착 접더니 잠이 들었어. 퀴즈여행이 진짜 끝난 거야.

에너지 주머니는 이제 완전히 보라색으로 변해 있었어.

부름이는 팔랑이를 달큰숲 도서관 옆 나뭇가지에 걸었어.

팔랑이는 다시 에너지 주머니가 빨갛게 될 때까지

잠을 자게 될 거야. 햇빛도 쏘이고 바람도 맞으면서 말이야.

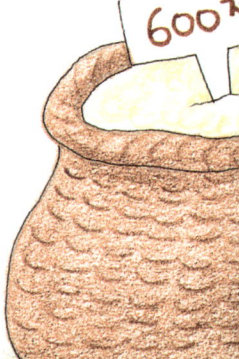

어느새 서쪽 하늘이 붉게 물들었어.

차웅이와 부름이는 신나게 달렸어.

차웅이는 뿌듯했어. 엄마 심부름도 잘 해냈겠다,

조금만 있으면 도토리 푸딩을 먹을 수 있잖아.

부드럽게 목구멍으로 넘어가는 달콤쌉쌀한 도토리 푸딩!

생각만 해도 군침이 돌아.

부름이와 함께 먹으면 더욱 맛있겠지?

맛있다고 너무 많이 먹으면 안 돼.

먹은 다음에는 버드나무 잎으로 이도 닦아야 해.

그렇지 않으면 이빨 벌레한테 시달릴 수 있어.

"엄마, 착한 설탕 사 왔어요!"

집에 들어서며 차웅이는 자랑스럽게 소리쳤어.

"그래? '공정무역 설탕'을 제대로 사 왔구나. 우리 차웅이가 해냈어!"

엄마는 부름이에게 눈을 찡긋하더니 차웅이 귀를 잡고 흔들었어.

"자, 어서 모두 씻고 도토리 푸딩 먹을 준비 하자꾸나."

도토리 푸딩을 기다리는 동안 차웅이와 부름이는 행복했어.

아차, 그런데 방귀 잡는 주머니, 말하는 빗자루,

닦으면 웃음이 나오는 손수건 사 오는 걸 잊었네.

하지만 걱정 없어. 또 심부름 가면 되지 뭐.

공정무역이란?

어느 교실에서 친구 두 명이 물건을 서로 바꿨는데 한 친구는 부자가 되고, 한 친구는 먹을 게 없어 굶게 된다면 그 교실은 행복할까? 눈을 크게 뜨고 고개를 들어 멀리 지구촌 마을을 돌아볼 때 어느 가난한 나라의 어린이가 굶고 있다면 우리는 행복할까?

공정무역이란 물건을 산 사람도 판 사람도 행복해지는 무역이야. 하지만 지금은 열심히 일해도 제값을 못 받고 먹을 것도 못 구하는 사람들이 많아. 학교도 아직 안 들어간 아이들까지 일을 해도 그래.

그동안 사람들은 무역을 할수록 지구촌 사람들이 골고루 잘 살 거라고 여겼어. 그런데 그건 사실이 아니었어. 몇몇 가난한 나라는 가난에서 헤어 나오지 못하고 있어.

왜 이런 일이 일어나는 걸까? 정당하게 일을 하여 부자가 되는 나라도 있지만 그렇지 않은 경우도 있어. 중간에서 이득을 많이 내려고 욕심 부리는 사람들이

있거든. 물건을 만들어 낸 사람한테 아주 헐값에 사서 비싸게 물건을 되팔면 자기한테는 이익이 많이 남겠지만 처음에 판 사람은 끼니조차 굶는 일이 생기는 거야.

이런 무역의 나쁜 점을 고치려고 나온 게 공정무역이야. 가난한 나라의 물건을 살 때, 물건이 필요한 사람과 직접 닿아 공정한 값을 주고 직접 사고파는 거야. 이렇게 직거래를 하면 중간 상인이 마음대로 값을 정하는 것을 막고 가난한 사람이 경제적으로 스스로 일어설 수 있도록 여유를 줄 수 있어.

그렇다고 우리가 모두 나서서 가난한 농민을 매번 찾아가 직접 물건을 살 수는 없어. 다만 우리가 필요한 물건이 있을 때, 어느 회사가 공정무역을 하는지 확인하여 그 물건을 살 수 있을 거야. 물건을 사는 일은 아주 큰 힘이야. 공정무역을 하는 물건을 사면 지구촌에 웃는 사람이 더 늘어난다는 뜻이니까.

공정무역은 언제부터 시작되었을까?

1946년 미국 '텐사우전드'라는 마을 사람들이 '푸에르토리코'의 바느질 제품을 사면서 공정무역 운동이 시작됐어. 1964년에는 세계 최초로 공정무역 기구인 '옥스팜 페어 트레이딩(Oxfam Fair Trading)'이 태어나면서 본격화되었어. '공정무역'이란 말을 처음 사용한 사람은 '마이클 브라운(Michael Barrat Brown)'이라는 영국인이야. 1985년 2월 런던에서 무역기술회의가 열렸을 때, 제3세계 국가들이 참가한 자리에서 이 말을 처음으로 썼지.

"우리는 너무 불공정하게 무역을 하고 있어요. 이제는 뭔가 '공정한 무역'을 할 때입니다."
이 연설은 전 세계 대안무역 운동으로 빠르게 퍼져 나갔어. 그 후 1989년 세계공정무역협회(IFAT)가 생겼고, 전 세계 61개국 270개 공정무역 단체가 가입했지. 이후 IFAT는 세계공정무역기구(WFTO)로 이름을 바꾸고, 지금까지 활발하게 활동하고 있어.

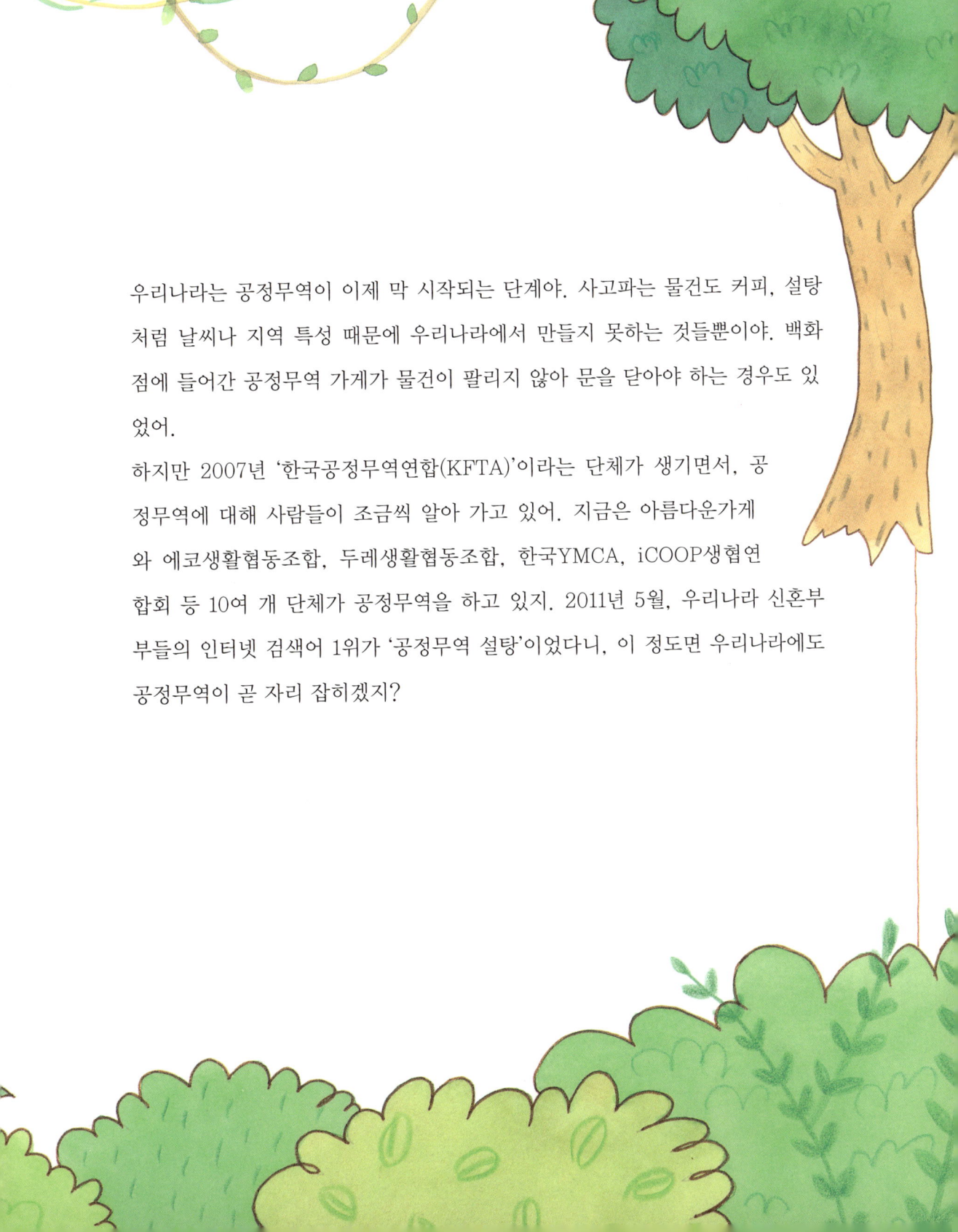

우리나라는 공정무역이 이제 막 시작되는 단계야. 사고파는 물건도 커피, 설탕처럼 날씨나 지역 특성 때문에 우리나라에서 만들지 못하는 것들뿐이야. 백화점에 들어간 공정무역 가게가 물건이 팔리지 않아 문을 닫아야 하는 경우도 있었어.

하지만 2007년 '한국공정무역연합(KFTA)'이라는 단체가 생기면서, 공정무역에 대해 사람들이 조금씩 알아 가고 있어. 지금은 아름다운가게와 에코생활협동조합, 두레생활협동조합, 한국YMCA, iCOOP생협연합회 등 10여 개 단체가 공정무역을 하고 있지. 2011년 5월, 우리나라 신혼부부들의 인터넷 검색어 1위가 '공정무역 설탕'이었다니, 이 정도면 우리나라에도 공정무역이 곧 자리 잡히겠지?

공정무역에 관한 진실

 공정무역 제품은 값이 비싸다?

2012년 4월, 공정무역 설탕인 마스코바도 설탕 500그램의 값은 2,800원이야. 대형 할인점에서 파는 유기농 설탕 500그램의 값은 최저 3,450원이고. 오히려 마스코바도 설탕 값이 650원이나 싼 거지. 그러니 그런 편견을 버려도 돼.

 공정무역 제품은 질이 나쁘다?

공정무역 상표는 가난한 나라 사람들이 만들었다고 해서 붙일 수 있는 게 아니야. 열 가지 이상의 까다로운 조건을 다 갖춰야 공정무역 상표를 붙일 수 있어. 그러니 공정무역 제품이 질이 나쁘다는 건 사실이 아니야. 오히려 훌륭한 제품이라 할 수 있지.

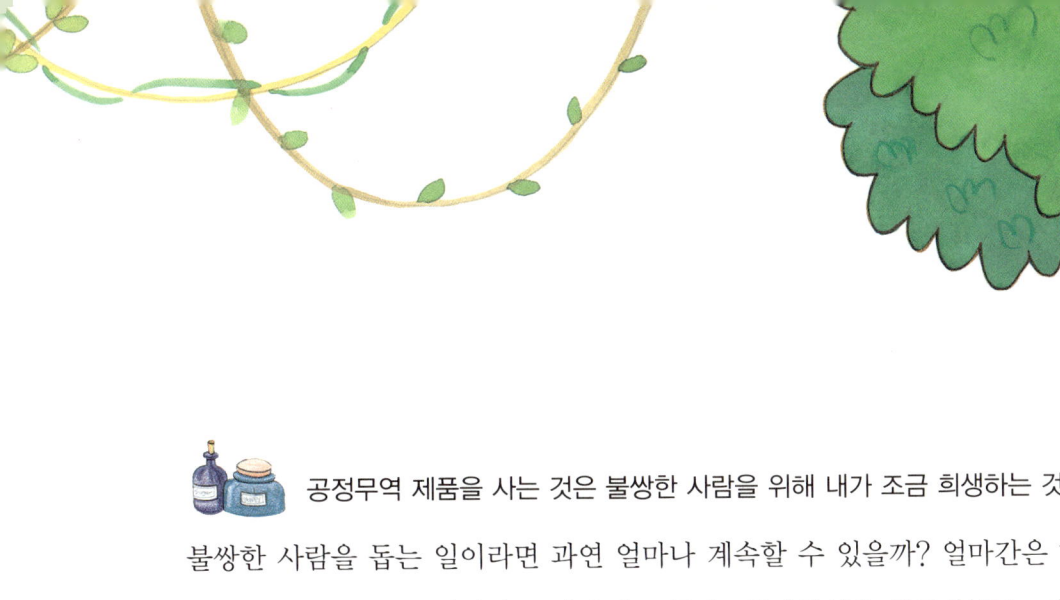

공정무역 제품을 사는 것은 불쌍한 사람을 위해 내가 조금 희생하는 것이다?

불쌍한 사람을 돕는 일이라면 과연 얼마나 계속할 수 있을까? 얼마간은 하겠지만 중간에 귀찮고 불편해서 그만둘지도 몰라. 공정무역은 무조건 돕는 게 아니야. 그냥 사고파는 거야. 공정한 값을 내고 질 좋은 물건을 사는 거야. 그래야 계속할 수 있거든. 그러니 사는 사람이 희생한다고 볼 수는 없어. 오히려 사는 사람도 이익이 되는 일이지.

공정무역을 위해 힘쓰는 사람들은 공정무역을 '착한 소비'라고 부르는 것을 싫어해. 착한 소비는 남을 돕기 위해 기꺼이 나를 희생하는 분위기가 있잖아. 만약 사는 사람 마음이 중간에 변해 물건이 잘 안 팔리면 생산자에게 공정한 값을 낼 수가 없게 돼. 그러니까 사는 사람도 이익이 되는 거래를 계속 이어지게 하는 게 '공정무역'인 거지.

공정무역 제품은 어떻게 알아볼까?

공정무역 제품을 나타내는 상표가 따로 있어. 공정무역 상표가 붙은 물건은 물건을 만든 사람에게 공정한 가격을 주었다는 뜻이며, 친환경적으로 물건을 만들었다는 뜻이야. 또 일터가 안전하고 건강하다는 뜻이기도 하지. 뿐만 아니라 남자와 여자를 차별하지 않았다는 뜻이며, 아이들에게서 공부할 시간을 빼앗지 않았다는 뜻이고, 이익금을 함부로 쓰지 않았다는 뜻이야. 이런 상표가 달린 물건은 아무 데서나 팔지 않아. 우리나라에서는 '아름다운가게', '두레생협', 'YMCA', '울림', '그루' 등에서 팔지. 동네에 이런 가게가 있는지 찾아 봐. 필요한 물건을 최고의 상품으로 사면서 멀리 있는 가난한 사람을 공정하게 대하는 기쁨을 누릴 수 있을 거야.

여러 가지 공정무역 상표들

공정무역의 10가지 원칙

1. 가난한 사람에게 기회를 먼저 준다.
2. 무엇을 얼마에 어떻게 거래하며, 이익은 어디에 쓰는지 투명하게 밝힌다.
3. 물건을 만드는 사람이 능력을 키워 일을 잘 해 나갈 수 있도록 돕는다.
4. 생산지와 생산 과정을 공개하며, 최고 수준의 제품을 만든다.
5. 만드는 사람이 생활을 유지할 수 있도록 돕고, 대화를 통해 알맞은 값을 주고 물건을 산다.
6. 남녀 차별 없이 일한 값을 준다.
7. 일터를 건강하고 안전하게 만든다.
8. 아이들이 공부하고 노는 시간을 방해하지 않는다.
9. 친환경적인 방법으로 물건을 만들도록 권한다.
10. 만드는 사람이 원하면 돈을 빌려 주되, 조금씩 천천히 갚게 한다.

작가 소개

글쓴이 한미경

연세대학교에서 간호학과 사회학을, 동 대학원에서 지역사회보건을
공부했습니다.
동화「꽃관」이 매일신문 신춘문예에 뽑혀 글을 쓰기 시작했습니다.
『둥글둥글 지구촌 문화유산 이야기』『쓸모 있는 자원 쓰레기』『새우젓 사려』
『잃어버린 우리 문화재』『도레미 야옹–도둑고양이가 푸는 쓰레기 미스터리』를 썼습니다.

그린이 이지영

동덕여자대학교에서 동양화를 공부하였고 디자이너로 일했습니다.
지금은 일러스트레이터로 활동하고 있습니다.
그린 책으로 영어동화『Billy Bobtail』『동요대회에 나간 유나와 민호』
『지킬 박사와 하이드』가 있습니다.

작가의 말

누구에게나 공정해야 모두가 행복해져요

세상을 살다 보면 남의 일에 관심을 두고 싶지 않을 때가 많아.
하지만 세상은 혼자서는 살 수 없어. 서로 도움을 주고받으며 살지.
우리나라가 자동차를 잘 만들어서 다른 나라에 팔고,
커피나 축구공 같은 것은 다른 나라에서 사 오는 것처럼 말이야.
공정무역 제품에 대해 사람들이 많이 알고,
또 많이 산다면 이건 무척 큰 힘이 돼.
왜냐하면 물건을 사는 소비자는 힘이 세거든.
"그 회사는 어린아이들한테 초콜릿 만드는 카카오를 따게 한대.
온종일 일을 시켜 공부할 시간도 없대. 그런데도 돈을 너무 조금 줘서
식구들이 굶는다니, 정말 공정하지 않아."
이런 소문이 나면 그 회사 초콜릿은 더 이상 팔리지 않게 될 거야.
어떤 회사가 공정무역을 하는 회사인지 아는 것은 무척 중요한 일이야.
그건 우리를 계속 행복하게 해 주는 힘이자 환경을 보존하는 길이며,
건강에 도움을 줄 수 있는 제품을 사는 길이자 돈을 절약하는 길이기도 해.
이 책은 차웅이와 부름이가 공정무역 설탕을 찾아 떠나는 여행이야.
이 친구들과 함께 여행을 하다 보면 공정무역이 무엇인지 저절로 알게 될 거야.
공정무역 가게들은 아직 잘 알려지지 않았어.
돈을 절약하여 생산자에게 돌려주기 때문에 광고에 돈을 쓸 여유가 없거든.

돈 많은 대기업에서 하는 것처럼 가게를 동네마다 낼 수도 없어.

그러니 공정무역에 참여하려면 직접 찾아봐야 해.

2008년 기준으로 볼 때 공정무역은 전체 무역 중에 2.6% 정도를 차지해.

하지만 똑똑한 우리 친구들이 관심을 갖는다면 금세 늘어날 거야.

공정무역 제품은 설탕뿐만 아니라 초콜릿, 커피, 축구공, 차, 바나나,

베갯잇, 카펫 등 여러 물건이 있어.

공정무역 제품은 건강에도 좋고, 환경에도 좋고, 값도 비싸지 않아.

게다가 가난한 사람이 행복해지는 일석사조의 제품이야.

만드는 이와 사는 이, 게다가 지구 환경까지 행복해지는 공정무역.

행복한 세상을 만드는 일에 끼고 싶어서 몸이 근질거리지?

2012년 5월

한미경

참고 문헌

박창순·육정희, 『공정무역, 세상을 바꾸는 아름다운 거래』, 시대의창, 2010.
마일즈 리트비노프·존 메딜레이, 『인간의 얼굴을 한 시장 경제, 공정무역』, 김병순 옮김, 모티브북,
FTAO, 『공정무역의 힘』, 한국공정무역연합 옮김, 시대의창, 2010.
가트 린, 『윌버포스 : 부패한 사회를 개혁한 영국의 양심』, 송준인 옮김, 두란노, 2001.
시드니 민츠, 『설탕과 권력』, 김문호 옮김, 지호, 1998.
가와기타 미노루, 『설탕의 세계사』, 장미화 옮김, 좋은책만들기, 2003.
세계사신문편찬위원회, 『세계사 신문 1 : 문명의 여명에서 십자군 전쟁까지』, 사계절, 1998.
존 아일리프, 『아프리카의 역사』, 이한규·강인황 옮김, 이산, 2002.
에릭 홉스봄, 『폭력의 시대』, 이원기 옮김, 민음사, 2008.
김영란, 『하룻밤에 읽는 미국 첫 이민 이야기 : 그들은 이렇게 살았다』, 북산책, 2008.
장 메이메, 『흑인 노예와 노예 상인 : 인류 최초의 인종 차별』, 지현 옮김, 시공사, 1998.
강용찬, "공정무역의 규범적 정립과 윤리적 접근-시장적 논리와 형평적 논리의 비교 연구",
한국관세학회 관세학회지 8권 3호, 2007.
이예원, "사회적 책임 활동 측면에서 비영리 조직의 공정무역에 관한 소비자 인식 연구",
홍익대학교 대학원 석사 학위 논문, 2009.

참고 사이트

(사)한국공정무역 http://www.fairtradekorea.net
페어트레이드코리아 http://www.fairtradekorea.com
에이피넷 http://www.apnet.or.kr
세계무역기구 http://www.wto.org/english/res_e/statis_e/its2009_e/its09_world_trade_dev_e.htm
공정무역상표기구 http://www.fairtrade.net/facts_and_figures.0.html
영국공정무역재단 http://www.fairtrade.org.uk
옥스팜 http://www.oxfam.org.uk
두레생협 http://www.dure.coop